BOEKANALYSE

AF126377

De Bourgeois gentilhomme

MOLIÈRE

BOEKANALYSE

Geschreven door Fabienne Gheysens
Vertaald door Nikki Claes

De Bourgeois gentilhomme

MOLIÈRE

MOLIERE

FRANS TONEELSCHRIJVER, ACTEUR EN THEATERREGISSEUR

- **Geboren in 1622 in Parijs**
- **Overleden in 1673 in dezelfde stad**
- **Enkele van zijn werken:**
  - *Dom Juan* (1665), komedie
  - *The Miser* (1668), komedie
  - *Le Malade imaginaire* (1673), komedie-ballet

Molière (zijn echte naam was Jean-Baptiste Poquelin) werd in Parijs geboren in de gegoede burgerij. Hij wendde zich al vroeg tot het theater en stichtte het gezelschap Illustre-Théâtre (1643-1645) met de actrice Madeleine Béjart (1618-1672). Na 13 jaar rondtrekkend theater in de provincies keerde hij terug naar Parijs, waar hij werd opgemerkt door koning Lodewijk XIV (1638-1715), die hem in dienst nam en onder zijn bescherming stelde.

Molière schreef voornamelijk komedies waarin hij, onder het mom van de lach, de gebreken van zijn tijdgenoten aan de kaak stelde (kieskeurigheid, pedanterie, gierigheid, enz.) en bepaalde leden van de 17e-eeuwse samenleving bekritiseerde (autoritaire vaders, valse gelovigen, charlatan artsen, enz.)

Op 17 februari 1673 werd hij ziek op het toneel tijdens een voorstelling van Le *Malade imaginaire* en stierf die avond thuis. Zijn vele toneelstukken hebben ook nu nog een aanzienlijke invloed en maken hem tot een belangrijk auteur van de klassieke eeuw.

DE BOURGEOIS GENTILHOMME

MR. JOURDAIN OF DE DWAASHEID VAN GROOTSHEID

- **Genre:** komedie-ballet

- **Referentie-uitgave:** *Le Bourgeois gentilhomme*, *Le Médecin malgré lui*, Parijs, Maxi-Livres, 2005, 158 blz.

- **1e druk:** 1670

- **Thema's:** bourgeoisie, arrivisme, spot, parvenu's, sociale beklimming, onderwijs

Le Bourgeois gentilhomme, voor het eerst opgevoerd in 1670 aan het hof van Lodewijk XIV, is een komisch ballet van Molière, dat muziek van Jean-Baptiste Lully (Franse componist van Italiaanse afkomst, 1632-1687) combineert met dansintermezzo's van Pierre Beauchamp (Franse danser en balletmeester, 1631-1705).

Een zeer rijke bourgeois, meneer Jourdain, is een parvenu. Gegrepen door de dwaasheid van grootsheid, wil hij toetreden tot de aristocratie. Hij probeert de manieren van de aristocratie te leren (dankzij privélessen van meesters), maakt een markiezin het hof en zoekt een adellijke schoonzoon. Maar hij slaagt er alleen in om door iedereen bespot en opgelicht te worden.

Dit beroemde toneelstuk, de voorloper van de musical, is sinds zijn ontstaan duizenden keren opgevoerd en is daarmee een klassieker geworden. Het 2roz a verschillende keren bewerkt voor film en opera.

SAMENVATTING

AKTE I

Scène I

De muziekmeester en de dansmeester zijn blij met de heer Jourdain als leerling, want hoewel hij weinig kennis heeft van de adel, betaalt hij hen goed. Naast het geld waardeert de dansmeester de lof die hij krijgt voor het beoefenen van zijn kunst, omdat het zijn ego vleit.

Scène II

Meneer Jourdain arriveert. De twee meesters bewonderen schijnheilig zijn kleding en geven hem veel complimenten – hoewel hun gast in feite slechts gekleed is in een kamerjas en een muts.

Meneer Jourdain luistert vervolgens naar een serenade gecomponeerd door de leerling van de muziekmeester, die hij somber vindt. Vervolgens zong hij een licht deuntje ; beide meesters complimenteerden hem en verzekerden hem van de onmisbaarheid van zijn kunst.

De scène eindigt met een muzikaal intermezzo, gecomponeerd door drie muzikanten, dat de heer Jourdain zeer bevalt.

ACTE II

Scène I

De heer Jourdain bewijst de ruwheid van zijn artistieke smaak door te bekennen dat hij van de marinetrompet houdt, een instrument waarvan bekend is dat het een onmelodieus geluid maakt. Hij stemt in met een wekelijks muziekconcert bij hem thuis, omdat de muziekmeester zegt dat dit een gewoonte is van mensen met kwaliteit.

M. Jourdain kondigt dan de aankomst aan van de Markiezin Dorimène diezelfde avond nog. Dan wil hij leren buigen.

Scènes II en III

De wapenmeester arriveert. De heer Jourdain demonstreert zijn onhandigheid (door zich niet te kunnen verdedigen tegen een eenvoudige floretaanval) en kraamt onzin uit (door te begrijpen 2roz ai man, als hij de juiste polsbewegingen weet te maken bij het hanteren van de floret, zeker niet gedood zal worden door zijn tegenstander).

Wanneer de wapenmeester de superioriteit van zijn kunst beweert, breekt er een ruzie uit tussen de drie leraren. Meneer Jourdain probeert tussenbeide te komen, maar niemand schenkt aandacht aan hem.

Dan verschijnt de filosofiedocent en beweert dat het de filosofie is die alle disciplines beheerst. Het gevecht wordt hervat en meneer Jourdain, moe van het genegeerd worden, laat ze onderling vechten.

Als de discussie voorbij is, begint de filosofieleraar zijn lezing met een Latijns citaat (*"Nam sine doctrina vita est quasi mortis imago"*: zonder wetenschap is het leven een beeld van de dood), dat de bourgeois doet alsof hij het begrijpt om te doen alsof hij goed opgeleid is. De leraar vraagt hem dan wat hij wil leren. Meneer Jourdain weigert te discussiëren over logica, moraal en natuurkunde, die hij saai en oninteressant vindt; daarmee bewijst hij dat hij de Latijnse zin van zijn gesprekspartner helemaal niet begrepen heeft.

Meneer Jourdain leert liever spelling. De leraar filosofie besluit hem een les te geven over klinkers en hun uitspraak – wat nogal ver van zijn favoriete vakgebied is. Zijn gastheer herhaalt de klinkers met openhartigheid en spot.

Aan het einde van de les vraagt de bourgeois aan de leraar om hem te helpen bij het schrijven van enkele woorden om de markiezin te verleiden. Op dit punt toont hij een nieuw facet van zijn onwetendheid: hij weet niet wat 3roz ais. Hij staat erop dat de meester in de filosofie iets schrijft dat lijkt op "mooie markiezin, je mooie ogen doen me sterven van liefde": hij heeft het briefje dat voor Dorimène bedoeld is nog niet geschreven en wil graag dat de meester het aanpast om het zo krachtig mogelijk te maken. Deze stelt alternatieven voor, voodat toe te geven dat de oorspronkelijk door M. Jourdain gebruikte formulering de beste is. Jourdain gaat er prat op dat hij deze formule heeft gevonden dankzij zijn natuurlijke talent.

Scène V

De meester-kleermaker komt zijn bestelling afleveren. De heer Jourdain klaagt dat zijn kousen hem pijn doen en wanneer hem een kledingstuk wordt aangeboden waarop de bloemen ondersteboven staan afgebeeld, spreekt hij zijn verbazing uit. De kleermaker maakt zijn fout goed door hem te verzekeren dat dit de manier is waarop mensen van kwaliteit bloemen dragen, wat een flagrante leugen is om in de gunst van de bourgeoisie te blijven. Meneer Jourdain stemt er onmiddellijk mee in om het kledingstuk te dragen.

De kleermakers, de assistenten van de meester, gebruiken edele termen om meneer Jourdain aan te spreken ("heer", "uwe hoogheid"), wat hem vleit: als beloning geeft de bourgeois hen geld.

AKTE III

Scènes I tot III

Meneer Jourdain maakt een wandeling om zijn nieuwe kleren te showen. Nicole, het dienstmeisje, lacht om zijn belachelijke kleding. Meneer Jourdain vertelt haar dat er die avond gasten komen, wat haar lachen onderbreekt en haar in een slecht humeur brengt.

Meneer Jourdain arriveert dan en berispt haar man over zijn dromen van adeldom; ze verzekert hem dat veel mensen hem en zijn gedrag belachelijk maken. Nicole klaagt over het extra werk dat de parade van meesters met zich meebrengt. Verontwaardigd geeft de heer Jourdain hun onwetendheid de schuld en probeert hij zijn kennis te demonstreren door te verwijzen naar zijn uitspraakles.

Meneer Jourdain betreurt ook het feit dat een heer, Dorante, geld van hen blijft lenen: in tegenstelling tot haar man gelooft zij niet dat hij hen ooit zal terugbetalen.

Scènes IV en V

Dorante arriveert en vleit M. Jourdain onmiddellijk. Hij belooft zijn schulden af te lossen en weet nog meer geld te krijgen: M. Jourdain wordt opnieuw voor de gek gehouden, want hij kan niets weigeren aan een man die over hem spreekt bij de koning en hem met complimenten overlaadt.

Dorante is op zoek naar Lucile, de dochter van de Jourdains, omdat hij haar wil zien. Meneer Jourdain, die zich niet laat misleiden door zijn hypocriete vleierij, beschimpt hem op humoristische wijze.

Scène VI

Dorante bevestigt de komst van markiezin Dorimène: hij speelt koppelaarster. Hij staat erop dat vrouwen graag overladen worden met geschenken. M. Jourdain, die de Markiezin hoopt te verleiden, zorgt ervoor dat zijn vrouw niet bij het diner aanwezig is; hij wil elke gêne vermijden. Nicole bespioneert het gesprek namens mevrouw Jourdain, maar de twee mannen verlaten het toneel zodra ze haar zien.

Scène VII

Nicole rapporteert aan mevrouw Jourdain. Ze is niet verbaasd over de vluchtigheid van haar man en vat het niet persoonlijk op. Ze wil vooral dat haar dochter trouwt met Cléonte, haar vrijer. Daarom beveelt ze Nicole hem te laten komen om Lucile's hand te vragen.

Scènes VIII tot X

Nicole bereikt Cleonte. Hij en zijn bediende, Covielle, willen niets van haar horen; ze jagen haar prompt weg. In feite klagen beide mannen dat ze eerder bij een toevallige ontmoeting zijn genegeerd: Cléonte door Lucile, en Covielle door Nicole, wiens minnaar hij is. Toch blijft Cléonte verliefd op Lucile, en Covielle is even verliefd op Nicole.

Deze laatste vertelt Lucile vervolgens over de slechte ontvangst die ze bij Cléonte thuis heeft gekregen. De jonge vrouwen proberen het misverstand op te helderen, en hun vrijers luisteren uiteindelijk naar hun uitleg: ze werden vergezeld door een oude tante voor wie alleen al de nadering van een man een jong meisje onteert. De twee koppels zijn verzoend.

Scènes XI tot XV

Cléonte vraagt Lucile ten huwelijk, maar M. Jourdain wijst het voorstel van de jongeman af omdat hij geen "gentleman" is. Cléonte staat echter op hetzelfde niveau als de familie Jourdain op de sociale ladder.

Er ontstaat een ruzie tussen de heer en mevrouw Jourdain over de belangen van de familie: mevrouw Jourdain wil dat haar dochter trouwt met een man van dezelfde sociale rang; de heer Jourdain daarentegen wil van zijn dochter een markiezin maken.

Cléonte is wanhopig, maar Covielle heeft een plan om M. Jourdain te overtuigen: ze trekken zich terug om het te bespreken, terwijl M. Jourdain, alleen gelaten, spijt heeft dat hij niet als edelman geboren is.

Scènes XVI tot en met XX

Dorante en Dorimène worden aangekondigd. Terwijl ze praten, begrijpen we dat Dorante de geschenken van M. Jourdain als de zijne laat doorgaan en dat hij met de Markiezin wil trouwen. Deze laatste is onder de indruk van zijn gaven om haar het hof te maken, maar ze weet niet dat Dorante van leningen leeft en haar manipuleert.

M. Jourdain onderbreekt hen. Dorante raadt hem discreet aan niet te praten over de diamant die hij haar heeft gegeven, om te voorkomen dat zijn bedrog wordt ontdekt. De handeling eindigt met de komst van de lakei, die de protagonisten aan tafel uitnodigt.

AKTE IV

Scène I

Het diner wordt op muziek gezet. Dorante gaat er met Dorimène vandoor. M. Jourdain is bedachtzaam, ondanks zijn gebruikelijke onhandigheid. Aan tafel vermijdt Dorante zorgvuldig het onderwerp van de diamant, maar Dorimène beseft de galantheid van M. Jourdain, wat Dorante irriteert.

Scènes II tot IV

Mevrouw Jourdain betrapt haar man op het vleien van Dorimène. Wanneer Dorante beweert degene te zijn die de maaltijd heeft besteld, denkt M. Jourdain, te naïef en onder controle van de graaf, dat hij hem dekt. Maar het gaat er alleen om zijn belangen bij de Markies te beschermen.

Mevrouw Jourdain laat zich niet gek maken en roept iedereen uit. Dorimène, die de situatie niet begrijpt, verlaat nijdig de kamer. Dorante begeleidt haar naar huis. M. Jourdain eist excuses van zijn vrouw; tevergeefs. Ze laat hem alleen en boos achter.

Scènes V tot en met VIII

Covielle komt binnen vermomd als Turk. Hij stelt zich voor als een vriend van de vader van de heer Jourdain: om zijn vertrouwen te winnen doet hij hem geloven dat zijn vader een edelman was en geen koopman. Dan kondigt hij aan dat de zoon van de Grote Turk met Lucile wil trouwen. Maar voor deze verbintenis moet M. Jourdain een "mamamouchi" worden – een eretitel die Molière heeft bedacht – een Turkse edelman.

Uiteraard accepteert hij. Dan arriveert Cléonte, ook vermomd als Turk. Covielle fungeert als tolk. De veredelingsceremonie is een muzikaal intermezzo en er wordt geslagen met stokken en zwaarden. Dorante wordt door Covielle op de hoogte gebracht van het bedrog, die lacht om zijn vindingrijkheid.

AKTE V

Scènes I tot III

Mevrouw Jourdain vraagt haar man om uitleg over zijn Turkse vermomming. Hij wordt boos en spreekt Turks. Zijn vrouw denkt dat hij gek is. Dorante steunt de maskerade van Cléonte en maakt er gebruik van om Dorimène over te halen te trouwen: ze wil niet langer dat hij geld uitgeeft om haar het hof te maken. De graaf feliciteert ook M. Jourdain, die zich verontschuldigt voor het gedrag van zijn vrouw en zijn dochter laat trouwen met de Turk.

Scènes IV tot VI

Meneer Jourdain stelt Lucile voor aan haar toekomstige echtgenoot. Eerst weigert ze met hem te trouwen, maar als ze Cléonte herkent, accepteert ze uiteindelijk. Ze doet deze verandering van hart af als een plotselinge wens om haar vader te behagen – wat hem verheugt.

Scène VII

Meneer Jourdain is fel gekant tegen het huwelijk, maar wanneer Covielle haar op de hoogte brengt van het bedrog (door haar apart te nemen om zijn plan te onthullen, zonder dat M. Jourdain het hoort), stemt ze uiteindelijk toe.

Dorante kondigt ook zijn huwelijk met Dorimène aan, wat de jaloezie van Meneer Jourdain sust. M. Jourdain denkt dat het een truc is en laat het gebeuren, nog steeds in de hoop met de Markiezin te kunnen trouwen. Hij geeft ook Nicole's hand aan Covielle. Een drievoudige bruiloft is dus gepland.

Tijdens het wachten op de notaris wordt iedereen vermaakt door de show die ter ere van de gasten wordt gegeven: het *Ballet der Naties* (Spaans, Italiaans en Frans). Dit deel alleen al duurt net zo lang als de komedie.

KARAKTERSTUDIE

DE HEER JOURDAIN

De heer Jourdain is een rijke lakenhandelaar en heeft vrijwel geen opleiding. Hij droomt ervan zoals de adel te zijn, maar hij kent hun gebruiken niet. Daarom geeft hij uitbundig geld uit om hun gewoonten en gebruiken te leren kennen, contacten te leggen en het hof te benaderen. Zijn voornaamste doel is de markiezin Dorimène te verleiden om maatschappelijk hogerop te komen.

Zeer goedgelovig, wordt hij al snel opgemerkt door oplichters die hem veel geld afpersen. Naïef, verwaand en onhandig, ontlokt meneer Jourdain soms een lach – ten koste van zichzelf – en soms medelijden, bijvoorbeeld wanneer hij de verschillende instructies van zijn leraren begroet met een reeks "uh?" waaruit zijn totale onbegrip blijkt.

Maar meneer Jourdain is niet onnozel. Om zijn complot uit te voeren, is hij wantrouwig tegenover iedereen, omdat hij weet dat hij in de gaten wordt gehouden. In feite is hij het voorwerp van ieders blik , die van zijn uitbuiters, die van zijn bedienden, die van zijn vrouw, etc. Hij isvaak boosaardig, spottend of verwijtend. Ze zijn vaak kwaadaardig, spottend of verwijtend.

Het karakter van het verwende kind is alomtegenwoordig en houdt het hele stuk in stand. Molière zelf speelde deze rol, die sindsdien een succes is geworden voor andere acteurs in de eeuwen die volgden.

MEVROUW JOURDAIN

De vrouw van de heer Jourdain ontkent haar burgerlijke status niet. Zij belichaamt gezond verstand en orde tegenover de excentrieke waanzin van haar man. Zijn uitspattingen maken haar radeloos, vooral omdat hij haar uitsluit van zijn plannen. Als laatste redmiddel blijft zij over met spot en geduld: bij verschillende gelegenheden noemt zij haar man "gek", wat haar machteloosheid tegenover de enormiteit van zijn ambities illustreert.

Meneer Jourdain steunt altijd wat ze juist acht – ze weigert bijvoorbeeld haar dochter te laten trouwen met de Turk (van wie ze niet weet dat het Cléonte is) – en weet ook de belangen van haar familie te verdedigen wanneer deze bedreigd worden: ze is bijvoorbeeld wantrouwig tegenover Dorante, omdat ze vreest dat hij haar man zal oplichten.

Ten slotte vormt dit personage een nuttig contrast met de economie en de komedie van het stuk: hoe verstandiger en beheerster mevrouw Jourdain lijkt, hoe belachelijker en goedgeloviger meneer Jourdain overkomt:

> *"MADAME JOURDAIN – Ja, hij is aardig voor je, en streelt je, maar hij leent je geld.*
>
> *MONSIEUR JOURDAIN – Nou, is het geen eer om geld te lenen aan een man in die toestand? En kan ik minder doen voor een heer die mij zijn beste vriend noemt?*
>
> *MADAME JOURDAIN – En wat doet deze heer voor u?*

> *MONSIEUR JOURDAIN – Dingen waarover men verbaasd zou zijn, als men ze kende. (act III, scène III)*

DORANTE

Dorante doet zich voor als een graaf, maar is hij dat ook echt? Twijfel zweeft door het hele stuk heen, maar wordt nooit weggenomen. Tussen M. Jourdain en Marquise Dorimène fungeert hij als tussenpersoon en koppelaar: hij brengt de woorden over – soms wijzigt hij ze – van deze twee gespreks-partners die niet rechtstreeks met elkaar spreken.

Maar afgezien van de schijn, zijn zijn motieven duidelijk ego-istisch en heeft hij geen oog voor de heer Jourdain, die hij al enige tijd oplicht. Als ervaren manipulator en leugenaar buit Dorante de ambities en openhartigheid van de heer Jourdain uit om zijn eigen belangen te dienen. Hij perst hem zonder scrupules geld af – alsof hij zijn opkomst steunt – en verleidt Dorimene in zijn plaats, waarbij hij haar geschenken als de zijne laat doorgaan.

DE MEESTERS

Bij meneer Jourdain thuis komen en gaan de meesters op alle uren, en allen zijn experts op hun gebied: dans, muziek, schermen, filosofie en kleding. Dit zijn de disciplines die men moet beheersen als men een edelman wil zijn, als men als zodanig gezien wil worden; vandaar de belangstelling van de heer Jourdain hiervoor.

De meesters profiteren financieel van de obsessies van de heer Jourdain. Daarom zijn ze bijzonder lief en attent in zijn aanwezigheid. Maar dit is huichelarij, want in werkelijkheid verachten ze hem allemaal: hij behoort niet tot hun wereld, begrijpt hun codes niet, heeft noch de finesse, noch de intelligentie, noch zelfs het geduld dat hem in staat zou stellen de verschillende kunsten die zij onderwijzen te beoefenen:

> "MUSIC MASTER – [...] Hij is inderdaad een man, wiens lichten klein zijn, die over alle dingen vals spreekt, en alleen op de verkeerde manier applaudisseert; maar zijn geld maakt de oordelen van zijn geest recht. Hij heeft onderscheidingsvermogen in zijn portemonnee. (Act I, scène I)

Oneerlijke profiteurs, ze voeren nutteloze discussies met elkaar waarin ieder de superioriteit van zijn discipline beweert en waarin ze zich vooral minstens zo dom tonen als de heer Jourdain. Uiteindelijk is het beeld dat zij van de adel geven dus nauwelijks flatterender dan het beeld dat de heer Jourdain van de bourgeoisie geeft.

DORIMENE

Markiezin Dorimène is een grillige weduwe die de heer Jourdain probeert te verleiden om van haar titel te profiteren. Daartoe ruïneert hij zichzelf met weelderige geschenken, maar hij hoopt haar ook te behagen met de adel van zijn geest. Bovendien lijkt Dorimène tijdens het etentje waarvoor hij haar heeft uitgenodigd enige belangstelling te tonen voor de bourgeois – wat Dorante verontrust.

Ze wordt voor de gek gehouden door M. Jourdain, maar ook door Dorante, die haar doet geloven dat alle geschenken van hem afkomstig zijn. Dorante's list werkt echter, want aan het eind van het stuk staat ze op het punt met hem te trouwen.

DE JONGE BOURGEOIS: LUCILE EN CLÉONTE

Lucile is het enige kind van de Jourdains. Zij belichaamt het stereotype van het fragiele, amoureuze en naïeve jonge meisje. Haar moeder moedigt haar aan om van Cléonte te houden, terwijl haar vader een huwelijk wil opleggen dat zijn eigen belangen dient.

Cleonte belichaamt een ander cliché: dat van de jonge, eerlijke en oprechte hoofdrolspeler; hij is de gepassioneerde minnaar, tot alles bereid om zijn geliefde te verleiden.

Het koppel geliefden dat elkaar beloofd wordt – en dat er aan het eind van het stuk in slaagt te trouwen – is een terugkerend element in de komedies van de klassieke periode.

DE BEDIENDEN: NICOLE EN COVIELLE

Nicole is de bediende van ^{mevrouw} Jourdain. Als vrouw van het volk staat ze zichzelf toe luid en ongegeneerd te lachen om de uitspattingen van haar meester. Covielle, Cleonte's bediende, is ook Nicole's geliefde. Hij is van nature pragmatisch en sluw en bedenkt een list – de uitvinding van de Grote Turk – om zijn meester te helpen.

Bedienden komen ook vaak voor in klassieke toneelstukken. Via deze personages won Molière de sympathie en steun van een populairder deel van het publiek.

SLEUTELS TOT HET LEZEN

EEN KOMEDIE-BALLET

Zonder de kluchten (*Sganarelle ou le Cocu imaginaire* [1660]; *Les Fourberies de Scapin* [1671]) op te geven, specialiseerde Molière zich in zedenkomedies: hij maakte openlijk een karikatuur van de tekortkomingen van de maatschappij van zijn tijd, zelfs als dat tot controverses leidde (*Les Précieuses ridicules* [1659]; *L'École des femmes* [1662]; *Le Tartuffe ou l'Hypocrite* [1664]; *Dom Juan*; *Le Misanthrope* [1666]; en *L'Avare [De Miser]*). Vóór hem was de komedie een genre dat grotendeels inferieur werd geacht aan de tragedie (destijds geïnspireerd door de auteurs uit de Oudheid); het was dankzij zijn indrukwekkend succesvolle toneelstukken dat het genre zijn adelbrieven kreeg.

Maar Molière was ook, samen met Jean-Baptiste Lully, de uitvinder van een nieuw genre: het comédie-ballet, de voorloper van de musical, waarvan *Le Bourgeois gentilhomme* en *Le Malade imaginaire* ongetwijfeld de meest representatieve voorbeelden zijn.

Het eerste komedieballet was *Les Fâcheux*, in 1661. Het was in die tijd al gebruikelijk om komische tussenspelen in balletten te plaatsen om de dansers de tijd te geven zich tussen de scènes om te kleden; maar waar Molière een nieuwe weg insloeg, was de continuïteit van de verhaallijn tussen de gedanste en geacteerde passages. In feite werden de komedies-balletten ten tijde van hun creatie opgezet om te worden geïntegreerd in een ballet: in het geval van Le *Bourgeois gentilhomme werd* het toneelstuk gevolgd door het *Ballet des nations*.

Het komedieballet gebruikt dezelfde komische middelen als de canonieke komedie (komedie van gebaar, situatie, karakter en woorden), maar voegt daar momenten van zang en dans aan toe. Het mag niet worden verward met het operaballet: waar dit laatste meer verspreid is in de plot, volgt het komedieballet één handeling en stoort het zich niet aan secundaire handelingen. Het centrale onderwerp ervan draait heel vaak om de kwestie van het huwelijk van hedendaagse, gewone personages, vertegenwoordigers van het dagelijkse leven van die tijd.

In 1670 gaf koning Lodewijk XIV, altijd belust op vermaak, de musicus Lully de opdracht een ballet te schrijven (in die tijd een dans- en zangvoorstelling). Aanvankelijk werd Molière alleen gevraagd de paar woorden van het libretto te schrijven. Maar Molière wilde niet volstaan met Turken te laten 'brabbelen' en lakeien te laten dansen. Dus schreef hij een heel toneelstuk. De toneelschrijver wilde dans integreren in de actie en de uitdrukking van gevoelens versterken door middel van muziek. Toch staat het amusement bijna nooit tegenover de komedie, maar is het een natuurlijke verlenging ervan. Het is dus een complete show.

Tijdens hun tienjarige samenwerking creëerden Molière en Lully (bijgestaan door Pierre Beauchamp) acht komische balletten: *Les Fâcheux*, *L'Amour médecin* (1665), *Pastorale comique (*1667*)*, *Le Sicilien ou l'Amour peintre* (1667), *George Dandin ou le Mari confondu* (1668), *Monsieur de Pourceaugnac* (1669), *Les Amants magnifiques (*1670*)* en *Le Bourgeois gentilhomme*.

DE MODE VOOR TURKIJEN

Het Ottomaanse Rijk (1299-1923) was zeer invloedrijk in de tijd van Lodewijk XIV en strekte zich uit tot in Oostenrijk. Het was ook een belangrijke handelsmacht: zijde, tapijten, specerijen, suikerriet, katoen en andere luxegoederen passeerden via dit land. Om deze redenen vochten sommige Europese monarchieën tegen de Turken, terwijl andere probeerden bondgenoten van hen te maken. Tegen de tijd dat Molière *De burgerman* schreef, werd het Ottomaanse Rijk echter niet langer als een militaire bedreiging beschouwd, ook al bezette het de Balkan.

In ieder geval wekte deze beschaving de bewondering van de westerlingen: zij waren werkelijk gefascineerd door het exotische van dit verre land, dat in het Westen nog weinig bekend was. In deze context verschenen de "Turqueries", d.w.z. in West-Europa ontwikkelde kunstwerken die de Turkse cultuur weergaven of imiteerden, bijvoorbeeld op het gebied van muziek (de eerste vermelding in Jean-Philippe Rameau's [Franse componist, 1683-1764] opera-ballet, *Les Indes galantes*, is getiteld "Le Turc généreux") of opera: *De Ontvoering uit de Seraglio*, waarvan de muziek werd ontwikkeld door Mozart [Duitse componist, 1756-1791]; de *Turkse Mars*, een sonate van dezelfde Mozart, enz.

Onder Lodewijk XIV liet de Ottomaanse sultan Mehmed IV (1642-1693) de Franse ambassadeur in Istanbul uitwijzen, maar omdat hij de goede betrekkingen tussen beide mogendheden wilde herstellen, stuurde hij in november 1669 een afgezant naar Versailles: Soliman Aga. Deze Turkse afgezant verblindde iedereen die op zijn pad kwam; de pracht en praal die hij tentoonspreidde was een bewijs van de macht van de sultan. Maar eenmaal aangekomen op zijn bestemming, negeerde Suleiman Aga de weelderige ontvangst die hij kreeg en keek neer op de Franse monarchie. Dit diplomatieke bezoek liet een diepe indruk achter. Ondanks het exotisme dat het hof nog steeds in de ban hield, vergat niemand de verontwaardiging die deze gebeurtenis veroorzaakte.

In *Le Bourgeois gentilhomme* verschijnt de Turkse mode door Cléonte's vermomming. Dit verleent hem direct de status van edelman in de ogen van de bewonderende M. Jourdain, die zijn dochter onmiddellijk ten huwelijk vraagt. Moest Molière zich wreken op de brutale kilte van de arrogante afgezant die de koning had afgesnauwd? Hoe dan ook, zijn sprookjesachtige hansworst verleidde iedereen.

EEN KOMISCH TONEELSTUK

Een hansworst en een klucht

Le Bourgeois gentilhomme kan worden vergeleken met de hansworst – een theatergenre dat zijn wortels heeft in de Middeleeuwen – in die zin dat het stuk speelt met het belachelijke en groteske, hetzij door middel van personages (hier de enscenering van de afwijkende ambities van M. Jourdain), hetzij door middel van vermommingen (bijvoorbeeld het kostuum van een Turk, dat de hoofdpersoon vrijwillig draagt om veredeld te worden).

Maar het stuk maakt ook deel uit van de klucht, een genre van middeleeuwse oorsprong, traditioneel gereserveerd voor het gewone volk (in tegenstelling tot de komedie, die gericht is op een burgerlijk publiek, en de tragedie, die gericht is op een adellijk publiek), dat de lachwekkende intriges van mensen van middelbare en lage status op het toneel brengt, in een stijl die vaak grof en grof is.

Na zijn reizen in Italië werd Molière – die in deze geest beroemd werd met toneelstukken als *Le Docteur amoureux* (1658) en later *Les Fourberies de Scapin* – geïnspireerd door het populaire genre van *de commedia dell'arte*, haar personages en haar procedures; hij introduceerde er verschillende van in zijn theater: onder andere de lazzi (acrobatische bewegingen vergezeld van hansworstachtige woordspelingen, zoals in de veronderstelde veredelingsceremonie van M. Jourdain), hansworstachtige humor en de komische procedure van quiproquo. Jourdain's veredelingsceremonie), hansworstachtige humor en het komische middel quiproquo. Met zijn theaterwerk gaf Molière een zeker cachet aan het genre van de klucht, dat toen onwaardig werd geacht voor de bourgeoisie en de adel in Frankrijk.

Vier verschillende stripveren

Traditioneel wordt in komedies gelachen met behulp van vier belangrijke bronnen: gebaren, personages, situatie en woorden. Het zal niemand verbazen dat de toneelschrijver deze allemaal gebruikt in *Le Bourgeois gentilhomme*:

- **Comique de geste** is een soort komedie die door lachwekkende bewegingen (zoals het uitdelen van klappen) wordt veroorzaakt. Het is echter de minst aanwezige komische in het stuk. Het komt traditioneel voor in didascaliën of kan door de regisseur worden toegevoegd bij een toneelbewerking. Het komt bijvoorbeeld voor in akte II, scène II:

"De wapenmeester duwt twee of drie laarzen naar hem toe en zegt: "En garde!"");

- **Karakterkomedie** is gebaseerd op de karaktereigenschappen van een of meer personages die de lachlust opwekken, hetzij door hun belachelijkheid, hetzij doordat ze in de tekst veelvuldig voorkomen. Dit is waarschijnlijk de meest ontwikkelde vorm van komedie in het stuk. Het karakter van M. Jourdain (zijn naïviteit, ijdelheid, ambitie) is het meest flagrante en veelzeggende voorbeeld: in de hele tekst worden zijn verlangens naar grootsheid voortdurend bespot en belachelijk gemaakt. Scène IV van akte III, waar de bourgeois snel geld geeft aan Dorante – die hem oplicht – is een van de vele voorbeelden van de spot met de hoofdpersoon;

- **de comique de situation komt** verschillende keren voor in het werk: het is een comique waarbij de situatie de lachlust opwekt door het belachelijke of rocambolische karakter ervan. Bijvoorbeeld de vierde scène van akte II, waarin M. Jourdain op belachelijke wijze klinkers herhaalt, of de paar scènes waarin de toeschouwer (of de lezer) weet dat Cleonte in feite de vermomde Turk is. Een van de bevoorrechte uitingen van situationele komedie is inderdaad de quiproquo: de toeschouwer is zich bewust van een bepaalde situatie – net als sommige van de hoofdpersonen – maar andere personages weten niet wat er werkelijk aan de hand is. Deze ongelijke verdeling van kennis is bedoeld om te lachen. Dit is het geval wanneer Cleonte verschijnt, vermomd als Turk (akte IV, scène VI), aangezien de toeschouwer, in tegenstelling tot de heer Jourdain, vooraf op de hoogte is gebracht van het bedrog;

• Tenslotte is er ook nog **de woordgrap**. Het uit zich in woordspelingen, in het gebruik van ongebruikelijke termen, in de verwarring tussen verschillende soortgelijke woorden, enz. Bijvoorbeeld, in akte III, scène V, antwoordt Meneer Jourdain ironisch aan Dorante, die haar vraagt hoe het met haar dochter gaat: "Ze doet het goed op haar twee benen. Natuurlijk nodigt het gebruik door M. Jourdain van een zogenaamd Turks dialect wanneer hij Cleonte ontmoet ("Strouf, strif, strof, straf", akte V, scène IV) het publiek uit tot lachen.

EEN SATIRE OP DE NIEUWKOMERS

In veel van zijn stukken dramatiseert en ridiculiseert Molière – soms op cynische wijze – de gevaren van overdaad, egoïsme, hypocrisie en ijdelheid; omgekeerd propageert hij altijd de voordelen van redelijk gedrag. Uit zijn werken komt dus meestal een praktische moraal naar voren, en dat is ook hier, in *Le Bourgeois gentilhomme, het geval.*

Sommige mensen verwerven heel snel rijkdom en succes. Zij kunnen dan de behoefte voelen om zich te tooien met luxueuze voorwerpen, om met alle middelen te proberen schijnbaar het niveau van invloed en macht te tonen dat zij zojuist hebben bereikt. Maar vaak blijft hun afkomst achter deze nieuwe façade zichtbaar en verraadt de aard van hun toestand. Zij zijn wat algemeen bekend staat als de "nouveau riche", de "parvenus": mensen die een hogere sociale status hebben verworven, maar er niet in geslaagd zijn zich de omgangsvormen van die status eigen te maken.

In de 17E eeuw waren er rijke mensen van gewone afkomst, en een minderheid van hen was geobsedeerd door het beeld dat zij in de maatschappij gaven. Deze aanmatigende bourgeois imiteren degenen die ze benijden en nemen de aristocraten als voorbeeld. Het verlangen om te verblinden wordt soms omgezet in een folie de grandeur.

Zo gelooft M. Jourdain in *Le Bourgeois gentilhomme* – net als *George Dandin*, de held uit het gelijknamige toneelstuk – dat hij lid kan worden van de adel door zich door geld en opleiding de kenmerken van deze sociale klasse toe te eigenen: uiterlijk, taal, cultuur en omgangsvormen. En het is met dit in gedachten dat hij een groot aantal meesters van allerlei slag naar zijn huis haalt.

Maar M. Jourdain heeft moeite om zich de codes van de adel eigen te maken: hij is onhandig tijdens zijn schermles (akte II, scène II), hij geniet van onbeschofte muziek die een edelman onwaardig is (akte I, scène II), hij toont zijn gebrek aan cultuur zodra hij zijn mond open doet (akte II, scène IV), enz. Hij is ook niet in staat de codes en gebruiken van de adel te herkennen. Hij aanvaardt bijvoorbeeld een belachelijke les in klinkeruitspraak in plaats van een les in natuurkunde (akte II, scène II), wat een echte edelman, of tenminste iemand die vertrouwd is met de adellijke wereld, nooit zou hebben gedaan.

De heer Jourdain cultiveert zijn obsessie voor overdaad en drijft deze tot het punt van spot. We kijken uit naar het moment waarop hij uiteindelijk implodeert, zoals de kikker die zo groot wil zijn als de os in de fabel van La Fontaine (Franse dichter, 1621-1695). En Molière bespot hem genadeloos, omdat hij zich anders waant en boven zijn stand wil uitstijgen. Ongetwijfeld deelt hij de mening van Cleonte in deze lange tirade:

> *"CLÉONTE – [...] Ik denk dat elke vorm van bedrog een eerlijk mens onwaardig is, en dat het laf is om te verhullen wat de hemel ons gegeven heeft, om ons in de ogen van de wereld te tooien met een gestolen titel, om ons te willen geven voor wat we niet zijn. Ik ben geboren uit ouders, zonder twijfel, die eervolle ambten bekleedden. Ik heb de eer van zes jaar dienst in het leger verworven, en ik heb genoeg bezit om een redelijk fatsoenlijke positie in de wereld te bekleden; maar met dit alles wil ik mezelf geen naam geven waarop anderen in mijn plaats aanspraak denken te kunnen maken, en ik zal u eerlijk zeggen dat ik geen heer ben. (Act III, scène XII)*

Le Bourgeois gentilhomme is dus een complexere literaire constructie dan het lijkt, waarbij verschillende niveaus van komedie worden gebruikt om de toeschouwer aan het lachen te maken: naast de verschillende soorten komedie (gebaar, personage, situatie, woorden) eigende Molière zich een genre toe dat destijds niet populair was – omdat het voorbehouden was aan het volk – en gaf het een ongekende zichtbaarheid en succes. Zoals gewoonlijk gleed hij in zijn komedie ook een kritiek op de hedendaagse maatschappij en nodigde ons zo uit om zijn werk opnieuw te lezen.

MOGELIJKHEDEN TOT BEZINNING

EEN PAAR VRAGEN OM OVER NA TE DENKEN...

- Waarom denkt u dat Molière de heer Jourdain pas in de tweede scène van het stuk voorstelt? Wat is het nut van zo'n late binnenkomst?

- Wat is de werkelijke rol van de verschillende meesters? Hoe dragen ze bij aan de komedie van het stuk?

- Mevrouw Jourdain heeft een bepaalde opvatting over het huwelijk; welke is dat? Wat is het verschil met die van haar man, meneer Jourdain?

- In welke omstandigheden kan worden gezegd dat het karakter van Nicole in het verlengde ligt van dat van Meneer Jourdain?

- Wat is volgens u de meest effectieve vorm van komedie in het stuk? Waarom of waarom niet?

- Was het nodig dat Dorante wist van Cleonte en Covielle's maskerade? Wat zijn hun respectieve belangen in deze zaak?

- Kies een paar uitdrukkingen die de ware sociale status van meneer Jourdain onthullen.

- Karakteriseer het taalgebruik van de bediende, Covielle, door het te contrasteren met dat van de meester, Cleonte.

Hoe tonen hun respectieve manieren van uitdrukken verschillende opvattingen over liefde?

- Zou het verwijderen van de dansscènes de uitvoering van het stuk schaden? Overweeg de voor- en nadelen.

- Bekijk een van de bewerkingen van het toneelstuk (in film of theater). Vergelijk deze verschillende versies. Welke overeenkomsten en verschillen met de tekst merk je op?

OM VERDER TE GAAN

REFERENTIE-UITGAVE

MOLIÈRE, *Le Bourgeois gentilhomme, Le Médecin malgré lui*, Parijs, Maxi-Livres, 2005.

BENCHMARKSTUDIES

DANTZIG C., *Dictionnaire égoïste de la littérature française*, Parijs, Grasset, 2005.

DE BEAUMARCHAIS J.-P. en COUTY D., *Dictionnaire des grandes œuvres de la littérature française*, Parijs, Larousse, 2001.

POLET J.-C. (ed.), *Patrimoine littéraire européen. Avènement de l'équilibre européen (1616-1720)*, deel II, Brussel, De Boeck, 1996.

*We horen graag van jou! Laat
een reactie achter op jouw online bibliotheek
en deel je favoriete boeken op social media!*

De uitgever garandeert de betrouwbaarheid van de gepubliceerde informatie, die echter niet onder zijn verantwoordelijkheid valt.

www.50minutes.com

Master ISBN: 9782808687515
Papier ISBN: 9782808698917
Wettelijk depot: D/2023/12603/1171

Omslag: © Primento

Digitaal ontwerp: Primento, de digitale partner van uitgevers.